Krötenwanderung

Krötenwanderung

Karikaturisten sehen
Steuerstreß und Steuerrecht in Deutschland

Herausgegeben von Walther Keim und Klaus Saalmann

nwb
VERLAG NEUE
WIRTSCHAFTS-BRIEFE
HERNE / BERLIN

Nur wer nicht im Staate lebt, in dem Sinne, wie man in seiner Geliebten lebt, wird sich über Abgaben beschweren.

Novalis (1772 – 1801)

Titelzeichnung und -gestaltung: Reiner Schwalme
Zeichnung auf der Rückseite: Nik Ebert (Rheinische Post)

Die Deutsche Bibliothek – CIP Einheitsaufnahme

Krötenwanderung: Karikaturisten sehen Steuerstress und Steuerrecht in Deutschland / hrsg. von Walther Keim und Klaus Saalmann. – Herne; Berlin: Verl. Neue Wirtschafts-Briefe, 1994

ISBN 3-482-47061-8
NE: Keim, Walther (Hrsg.)

ISBN 3-482-**47061**-8

Gesamtherstellung: Druckerei H. Rademann GmbH, 59348 Lüdinghausen

Inhalt

„Das waren noch Zeiten, als wir einen Steuersatz von 56% hatten …" *Walter Hanel*

Vorwort

Karikaturen, sagt man, sind wichtig und wahr. Sie adeln und tadeln, spenden Trost und Unterhaltung, Mahnung und Moral. Sie leben vom Blick für die Blöße, vom Temperament für bissige Liebe. Damit führen sie Gläubige und Ungläubige, Arme und Reiche in die Zone der Nachdenklichkeit. Wesenserforschung und Wesensenthüllung sind ihr eigentlicher Motor für die Zuwendung und Zuneigung zur menschlichen Arena in ihrer Nachbarschaft. Die Satire, so Dieter Hildebrandt, orientiert sich am Vorbild und schafft sich ein Abbild.

Der Mensch hat die Gnade zu stolpern. Und derjenige, der ihn dabei mit dem Zeichenstift begleitet, so Mirko Szewczuk, einer der prominenten Zeichner der Nachkriegszeit, ist der Karikaturist. In der Tat, wie der Zahnarzt muß der Karikaturist an die Wurzel des Geschehens. Allerdings, der Grad der Betäubung bleibt unterschiedlich, ebenso wie der Anteil und die Spannung zwischen Wahrheit und Schonungslosigkeit, Respekt und Herzenswärme. Töten will der Zeichner nicht, auch nicht beleidigen, um den gesellschaftlichen Zweck der Kritik zu erfüllen. So kämpft er eher mit dem Florett als mit dem Säbel.

Als bildhaft verkürzter Kommentar, als Seismograph und als eine Waffe des Geistes, mit dem Mienenspiel der Beteiligten werden Karikaturen heute durchaus zu einem pluralistischen, demokratischen und republikanischen Vergnügen, begleitet von einem Lächeln auf Kosten der Obrigkeit. Ereignisse und Personen finden sich wieder in einem satirischen Widerhaken, der zugleich zum Schmunzeln und zum Nachdenken anregt. Ohne Zweifel, Karikaturen sind, wie es der englische Zeichner Ronald Searle beschrieben hat, „optisches Juckpulver, das die Betroffenen zwingt, sich zu kratzen".

Nur wenige Themen liefern der Bild-Satire so spannungsreiche Stenogramme und subjektive Visualisierungsmöglichkeiten wie die Welt der Steuern und der Finanzen. Von Chronisten und Künstlern aller Zeiten wissen wir: Steuern gehören unentrinnbar zum Schicksal der Menschen. Von den römischen Kaisern, die ihr ewig leeres „Körbchen" fiscus nannten, bis zur Gegenwart ist der unter Steuerdruck und Steuerstreß leidende Staatsbürger ein Subjekt, das auch der Karikaturist bei seinen Fingerübungen nicht außer acht gelassen hat.

hennes

So ist denn auch dieses Buch mit einem kleinen historischen Rückblick ein lebendiges Spiegelbild um Trends und Gefühlslagen zur „Krötenwanderung" und zum „Steuerdschungel", vom „Steuerlabyrinth" bis zur Steuerreform, wobei sich im Schlußkapitel offenbar Experten und Bürger in gemeinsamer Hilflosigkeit zusammenfinden. Eher ein Merkmal deutscher Gründlichkeit als ungerechtfertigte Gehässigkeit ist zudem der Hinweis, daß mehr als die Hälfte der zu steuerrechtlichen Fragen auf unserem Globus veröffentlichten Fachliteratur aus der Bundesrepublik stammt. Künstlerisch engagiert und thematisch vertraut zeigen in der „Krötenwanderung" mehr als 40 namhafte Zeichner ihre Scharf-Sicht, ihre Hoffnungen und Resignationen, ihre Phantasien und Moralitäten zur Betriebsprüfung und zum Bankgeheimnis, zur Steuernachzahlung und zur Steuerhöhe. Erstaunlich, daß schon im Jahre 1876 zum Ausgleich von Defiziten die Piano- oder Junggesellen-, die Glücks- oder Storchsteuer ein satirisches Thema waren. Daß auch Akten und

Der neue Bundesadler *Karl-Heinz Schoenfeld*

Krötenwanderung *Horst Busse*

Paragraphen in den Finanzämtern (hier ist die Politik gefragt) bald entrümpelt werden müssen, ist inzwischen ein Klagelied, das alle singen, vom einfachen Steuerpflichtigen bis zum Bundespräsidenten.

Lachen ist bei solchen Blessuren noch immer die beste Medizin. Dieses Buch, zu dem das Finanzministerium des Landes Nordrhein-Westfalen parallel eine gleichnamige Wanderausstellung entwickelt hat, möchte Distanzen zu den Problemen des Alltags schaffen, für Steuerzahler ebenso wie für Steuerbeamte oder Steuerberater. Es bietet Seitenhiebe und Schadenfreude, Heiterkeit und Harmonie für Mitmenschen jeglicher Couleur, trotz der zur Zeit fast 40 Steuern, die uns schon morgens im Nacken sitzen.

Walther Keim / Klaus Saalmann

Von Piano- und Schleppensteuern oder Laßt sie spielen, wenn sie nur bezahlen

Der König wird die Abgaben einziehen,
wie die Sonne acht Monate lang das Wasser
mit ihren Strahlen aufzieht.

Nach Manûs altindischen Gesetzen

O armes steuerzahlendes Volk.

Horaz (65-8 v. Chr.)

Nur zwei Dinge auf dieser Welt sind uns sicher:
der Tod und die Steuer.

Benjamin Franklin (1706 - 1790)

„Bei Einkünften von jährlich 8010 bis 23999 DM lautet die Steuerformel
$0{,}2\,[8000 - (900 + 700)] + 272y + 2{,}9y^2$."
(Bundesgesetzblatt, Teil I, Nr. 26, vom 23.7.1958 – Seite 492)

Aus Simplicissimus 1958 *Gerhard Hentrich*

Hohe Steuern

Aus Gartenlaube 1873

Ein mit dem Einziehen der Einkommensteuer beauftragter Beamter.

Aus Kladderadatsch 1850

Die Steuerhöhe

Zur Erzbergerschen Steuerreform (um 1920) *Heinrich Kley*

Zur Deckung des Deficits.

Einige Bemerkungen zu Luxussteuern.

Eine **Pianinosteuer** würde nur die Zahl der Instrumente **vermindern und die Zusammenrottung** von 8 — 10 händigen **Hausgenossenschaften nach sich ziehen.**

Eine **Junggesellensteuer würde die meisten Steuerpflichtigen veranlassen,** von zwei Uebeln **das kleinere zu wählen und zum Aeußersten d. h.** zum Weibe zu greifen.

Eine **Wiener-Café-Besucher-Steuer** würde sich umsomehr empfehlen, **als die** Erhebung **derselben von den** vorhandenen **Steuerboten in den dienstfreien Nachtstunden stattfinden könnte.**

Eine **Schleppensteuer** würde zwar viel Staub aufwirbeln, aber bald zu einer auch dem Auge wohlthätigen Reaction auf dem Gebiete der Mode führen.

Eine **Steuer auf anständige Damen,** welche Ehebruchsdramen besuchen, würde Anfangs sehr ziehen, aber bald in Folge der Ueberproduction versiegen.

Dagegen wollen wir das Auge der Hohen Reichsregierung auf Steuern lenken, welche wir **häusliche Glückssteuern** nennen möchten. Der Anfang wäre mit der **Storchsteuer** zu machen.

Aus Berliner Wespen 1876

Quartals-Leiden.

Der welt- und kaiserstädtische Laokoon.

Aus Kladderadatsch 1872

Gesetzestechnik

„Meine Hochachtung, der Entwurf ist vollkommen klar und für jedermann verständlich! Also werden wir ihn ins Behördendeutsche übersetzen müssen – denn jeder von uns will schließlich einen Kommentar veröffentlichen."

Aus Simplicissimus 1960

Gerhard Hentrich

Im Tessin

„Ein Obersekretär von der Steuerfahndung auf Urlaubsfahrt – dann ist es allerdings kein Wunder, daß den hier der Schlag getroffen hat."

Aus Simplicissimus 1960 *Josef Sauer*

Kundendienst

Steuerschuldners Selbstbedienungsautomat.
Einwurf: Der letzte Groschen.

Aus Simplicissimus 1957

H. M. Brockmann

Eideskorrektur (Adenauer und Etzel) *Wolfgang Hicks*

Von Oberen und Unteren
oder
Wer den Daumen auf dem Beutel hat

Auch selbst den Weisesten unter den Menschen sind die Leute, die Geld bringen, mehr willkommen, als die, die welches holen.

Georg Ch. Lichtenberg (1742 - 1799)

Steuererheben und beliebt sein ist dem Menschen ebensowenig gegeben wie verliebt und weise sein.

Edmund Burke (1729 - 1797)

Die Finanzen können nur durch eine gerechte und humane Verwaltung geadelt werden.

Friedrich der Große (1712 - 1786)

Hans-Joachim Stenzel

Thomas Plassmann

Bei der Erhebung der Steuern muß die Menschlichkeit den Vorsitz führen und ihre Art bestimmen.

Friedrich der Große (1712 - 1786)

„Das letzte Wort!"

Hans-Joachim Stenzel

Ausgewogene Veranlagung

Walter Hanel

Karl-Heinz Brecheis

Der große Stuhl macht noch keinen König.

Aus dem Sudan

„Das Einschüchtern der Bürger überlassen Sie gefälligst mir, Fräulein Meier!" *Erik Liebermann*

Jan Tomaschoff

Das Auseinanderklaffen von dem,
wie der Mensch lebt
und wie er eigentlich leben könnte,
wird immer komischer.

Friedrich Dürrenmatt

Walter Hanel

Freimut Wössner

Gib ihm sofort die Schuhe zurück!

Jürgen Tomicek

Vorsicht Finanzamt oder Wie man dem Fiskus sein Jawort gibt

Auf den Opfern und den Waffen ruht der Staat.

Konfuzianischer Spruch

Darin sind sich doch alle einig, daß man vom
Staate lieber empfängt als ihm leistet.

Xenophon (430 - 355 v. Chr.)

Wird es nicht alle Tage schlimmer?
Gehorchen soll man mehr als immer
Und zahlen mehr als je vorher.

Der Steuerbürger in Faust 1. Teil
(Szene vor dem Osterspaziergang)

Steuernachzahlung — *Erik Liebermann*

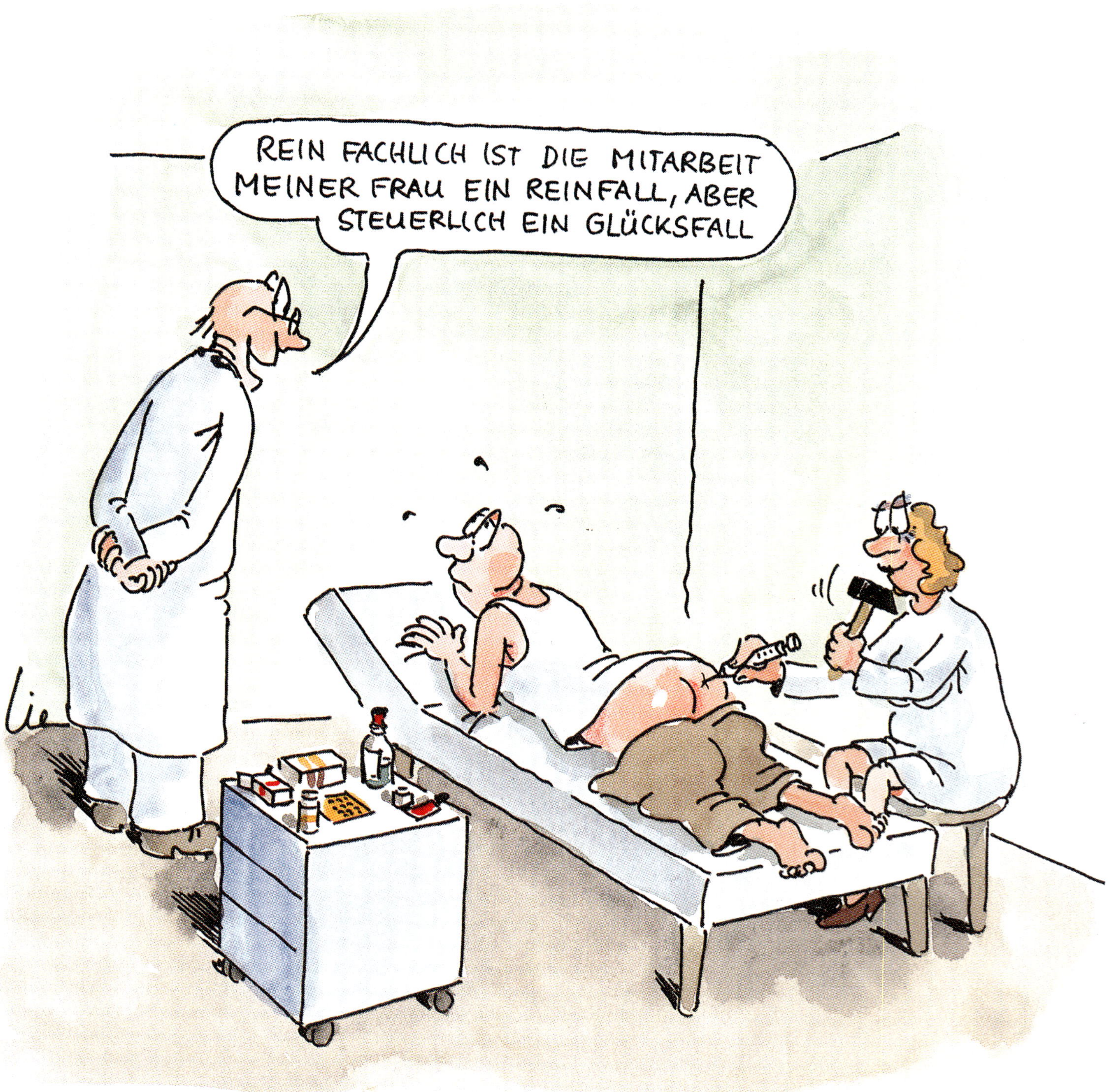

Erik Liebermann

Gerhard Mester

Eskalation

Reiner Schwalme

Dieter Hanitzsch

Reiner Schwalme

Reiner Schwalme

Reiner Schwalme

Reiner Schwalme

Juan Ballesta

Alfred Taubenberger

„Wie war's auf dem Finanzamt, Herr Direktor?
Was für ein Auto findet man denn als Dienstwagen angemessen?"

Michael Ammann

„MEINE KOLLEGEN VOM FINANZ-AMT SCHICKEN IHNEN DIESES BUTTER-BROT-PAKET. NACH DEN ANGABEN IHRER STEUERERKLÄRUNG SIND SIE JA AM VERHUNGERN!"

Hans-Jürgen Bundfuss

Oswald Huber

Oswald Huber

Im Steuerparadies

Barbara Henniger

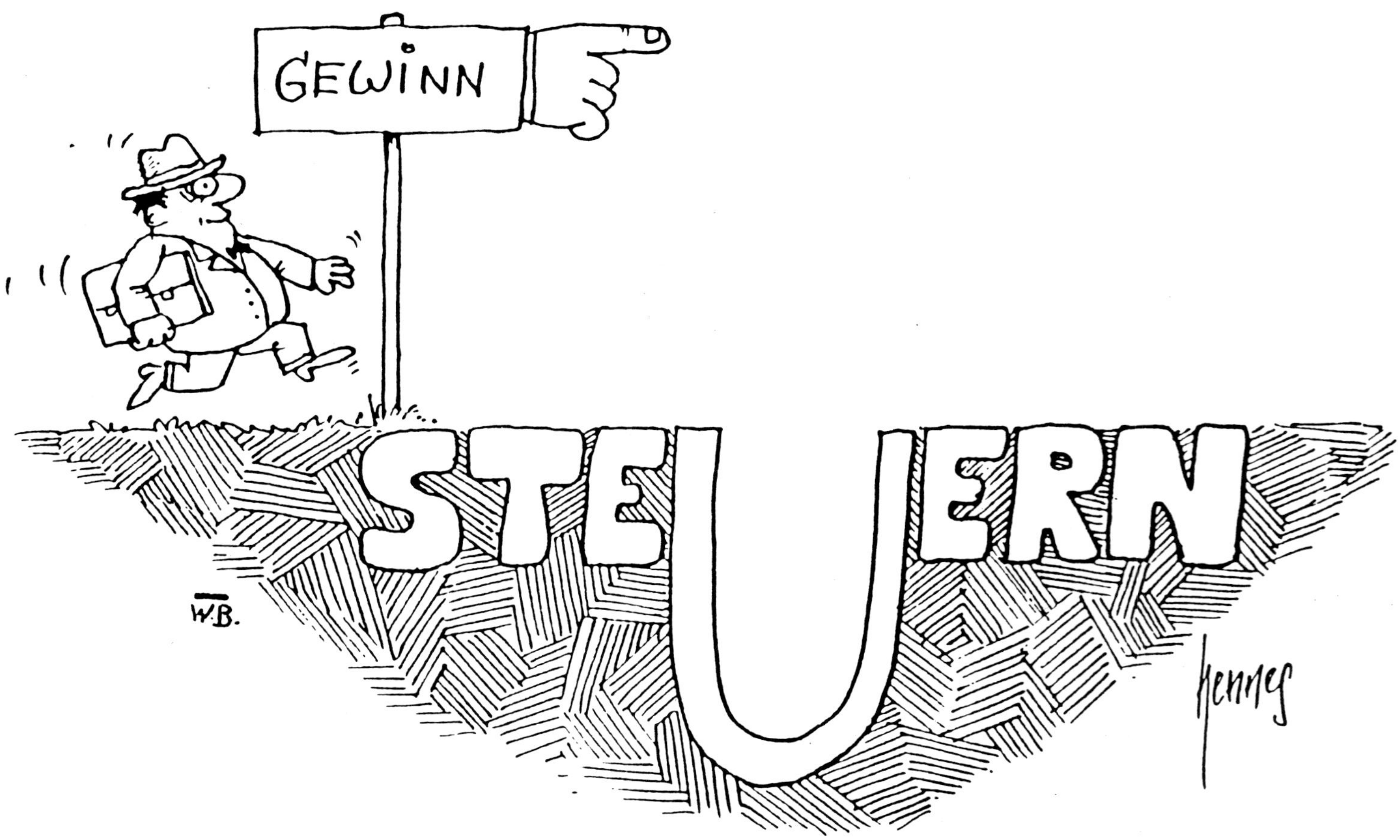

hennes

"Wir dachten, daß Sie vor so einer Steuerprüfung vielleicht eine kleine Stärkung vertragen könnten..."

Freimut Wössner

Erik Liebermann

Erik Liebermann

Betriebsprüfung

Hans Georg Rauch

Erik Liebermann

Erik Liebermann

Die Hürde *Nik Ebert (Rheinische Post)*

„SPAREN SIE SICH JEDE ERKLÄRUNG! WIEVIEL?"

Nik Ebert (Rheinische Post)

Jan Tomaschoff

Nackte Tatsachen und kein Ende oder Wie man mit Erfolg seine Schäfchen schert

Mein Herz ist in großer Sorge ...
Die Vorratskammern sind leer,
und alles, was dagewesen,
ist aufgezehrt.

Klage des Pharao Djoser (2600 - 2550 v. Chr.),
Felsinschrift auf der Nilinsel Sehel

Auch die, die es noch gut meinen, verhärten sich täglich mehr,
wenn sie das Wort „Abgaben" nur hören.

Cicero an Brutus, 27. Juli 43 v. Chr.

Die Kunst des Trésoriers besteht darin,
„die Gans zu rupfen, ohne daß sie schreit".

Sully (1560 - 1741), Trésorier unter Heinrich IV. von Frankreich

Krötenburger für McDonalds *Jürgen Tomicek*

Barbara Henniger

Der ideale Steuerzahler

Fritz Wolf

„Ich wundere mich ja selbst!"

Jupp Wolter

Hans-Jürgen Starke

Ganz einfaches Steuersystem

Dieter Hanitzsch

Dieter Hanitzsch

Pest oder Cholera

Ernst Heidemann

„Am besten wären Zwangsanleihen. Wenn das Volk will,
daß es keine Steuererhöhungen gibt, dann soll es auch dafür zahlen."

Michael Ammann

„Noch 'n kleinen Dreh weiter, bißchen zurück ..." *Horst Haitzinger*

Das Volk hat er geschatzt mit schweren Steuern
Und abgewandt ihr Herz.
Und neue Pressungen ersinnt man täglich.

Lord Ross in Shakespeares „König Richard der Zweite", 1596

Apokalyptischer Reiter *Horst Haitzinger*

Nackte Tatsachen!

Jürgen Tomicek

... und kein Ende!

Walter Hanel

Ein Wald ist bald zu Asche gemacht.

Seneca (um 0 - 65 n. Chr.) gegen zu hohe Steuerlasten

Hans-Jürgen Starke

Vom Wuchern und Warten
oder
Da hilft nur die Machete

Es lodern die völkischen Opferfeuer;
der Sinn des Lebens ist die Steuer!

Kurt Tucholsky (1890 - 1935), in „Europa",
Gedichte zwischen gestern und morgen

Man muß die Finanzen so einfach machen, daß sie von allen verstanden und von wenigen geleitet werden können.

Colbert (1619 - 1683),
Trésorminister Ludwigs XIV.

Geduld ist die Kunst zu hoffen.

Vauvenargues, Reflexionen

Reinhold Löffler

Erik Liebermann

Frans de Boer

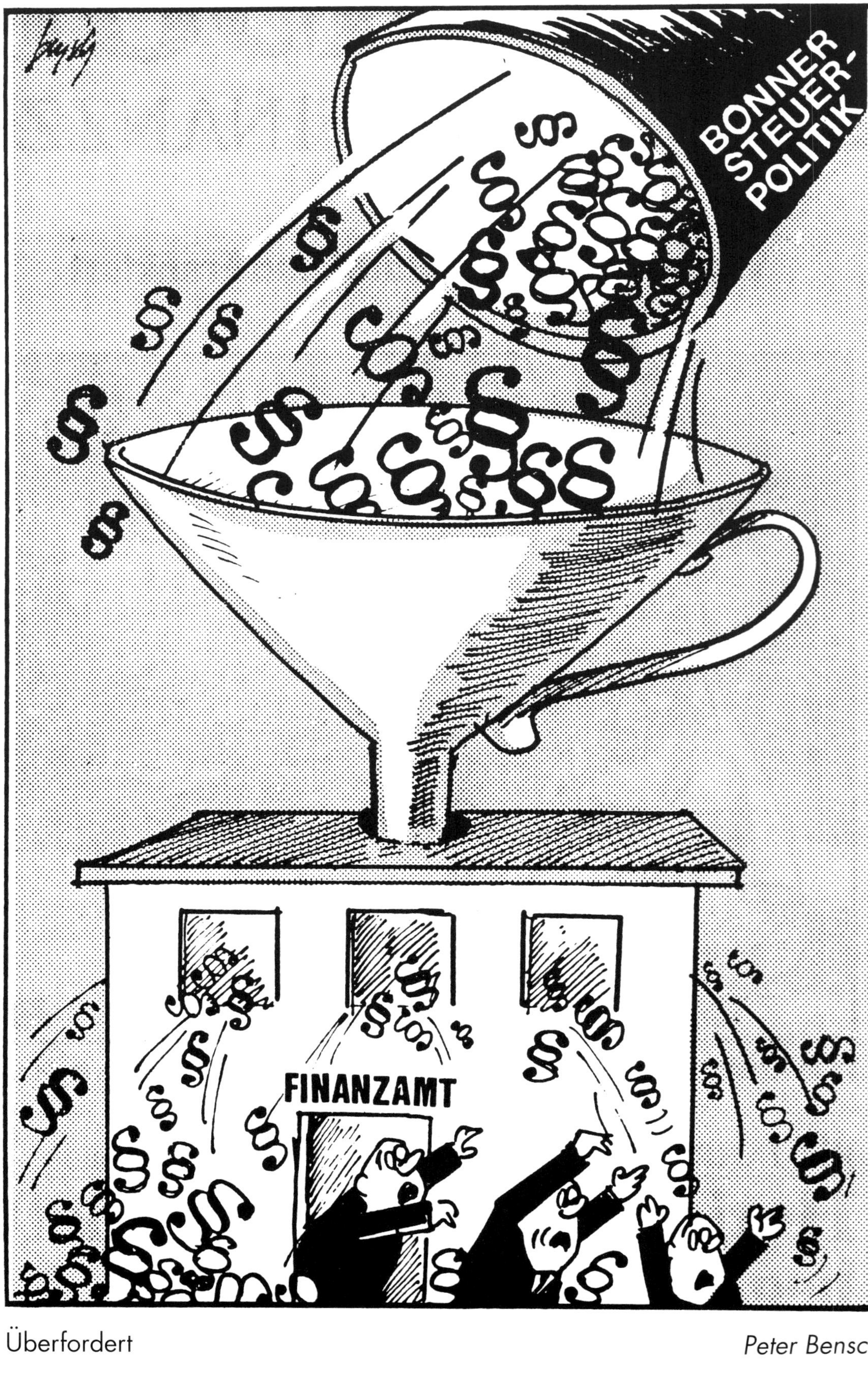

Überfordert *Peter Bensch*

"IMMER DASSELBE MIT EUCH! WENN'S 'DRAUF ANKOMMT, VERSTEHT IHR WIEDER NUR BAHNHOF!"
Erläuterungen Einkommensteuererklärung
RABE WB.

Ralf Böhme

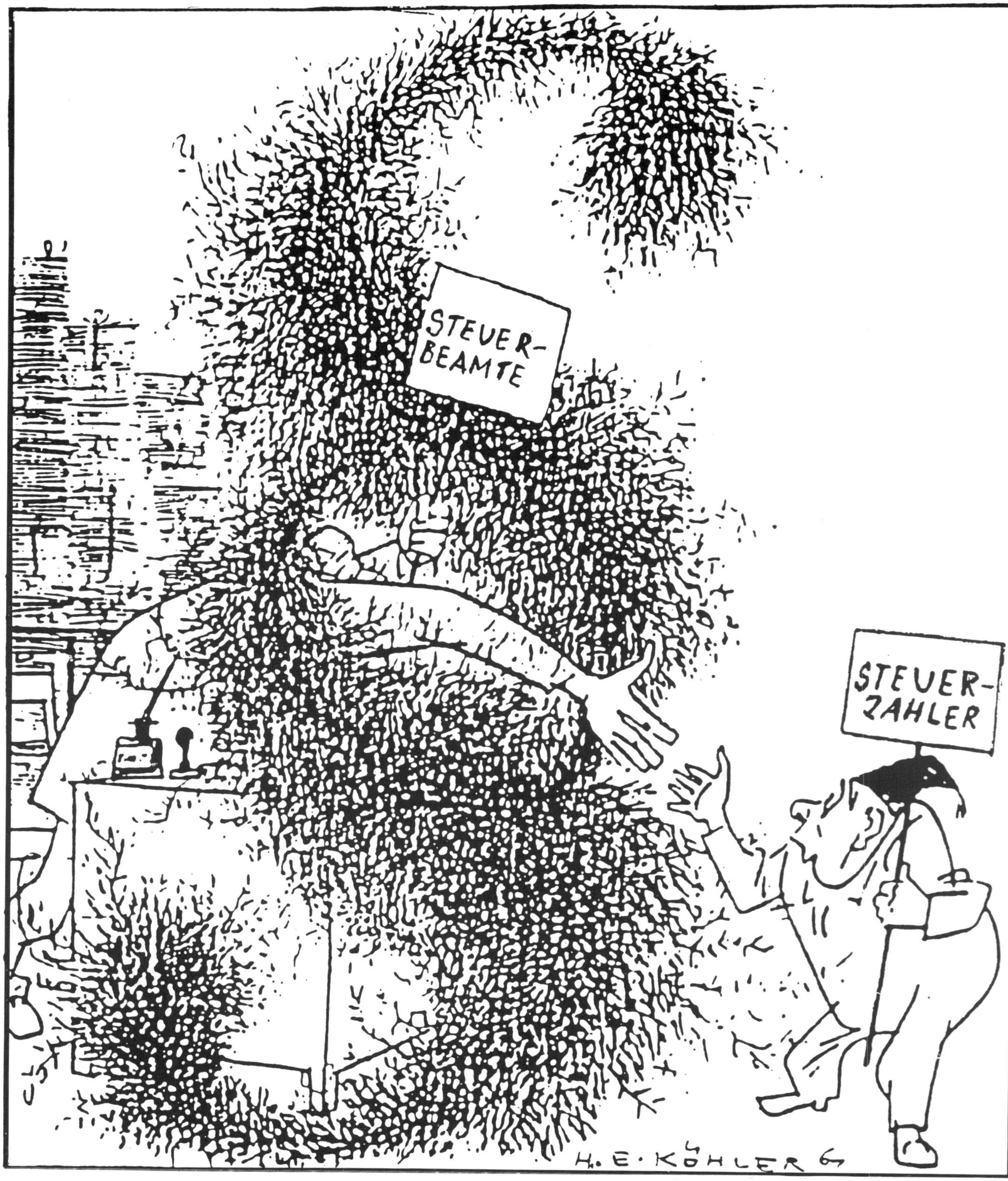

„Gesetzesdschungel! Wir müssen uns zusammentun, bester Freund – ich finde nicht mehr zu Ihnen durch."

Hanns Erich Köhler

Lothar Schneider

Sagen Sie mal, wo komm ich denn hier wieder raus?

Klaus Espermüller

Jan Tomaschoff

„Aha, jetzt wird's ein bißchen kompliziert." Jupp *Wolter*

Erik Liebermann

Pepsch Gottscheber

HÖCHSTE ZEIT!

Waldemar Mandzel

Kabinett in Hochform

Günter Ryss

Alles wird einfacher *Reinhold Löffler*

Erik Liebermann

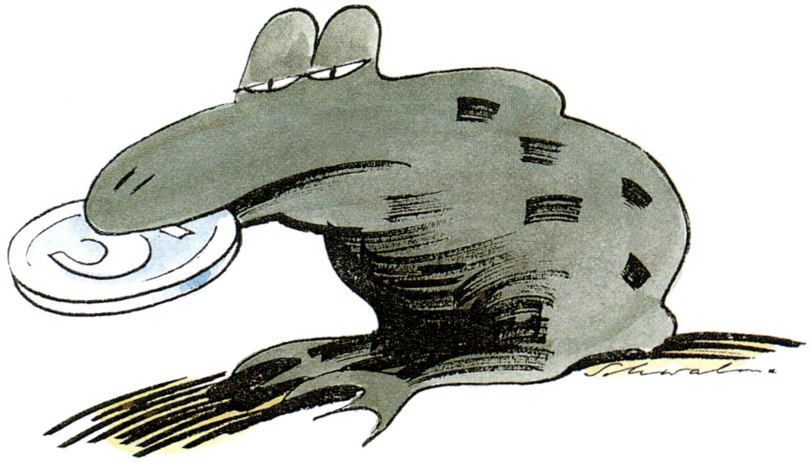

Krötenmetamorphose

Reiner Schwalme

Die Zeichner

Ammann, Michael
lebt und arbeitet als Cartoonist und Illustrator in Wien.

Ballesta, Juan
lebt und arbeitet in Spanien.

Bensch, Peter
geb. 1938 in Berlin. Lebt als Karikaturist in Köln.

de **B**oer, Frans
geb. 1930, Cartoonist in Amsterdam.

Böhme, Ralf
geb. 1956, lebt und arbeitet als Cartoonist und Karikaturist in Bad Liebenstein.

Brecheis, Karl-Heinz
geb. 1931, Cartoonist und Illustrator in München.

Brockmann, Henry M.
1912 – 1968, Simplicissimus-Zeichner, Buchveröffentlichungen.

Bundfuss, Hans-Jürgen
geb. 1922, Cartoonist und Zeichner in Dortmund.

Busse, Horst
lebt und arbeitet in Heidelberg.

Ebert, Nik
lebt in Mönchengladbach.
Karikaturist der Rheinischen Post. Abdruck der Zeichnungen mit Zustimmung der RP.

Espermüller, Klaus
geb. 1938, Karikaturist in München.

Gottscheber, Pepsch
geb. 1946, Karikaturist in München.

Haitzinger, Horst
geb. 1939 in Linz/Österreich. Karikaturist in München. Zahlreiche Buchveröffentlichungen.

Hanel, Walter
geb. 1930 in Teplitz-Schönau, lebt als Karikaturist in der Nähe von Köln. Zahlreiche Buchveröffentlichungen.

Hanitzsch, Dieter
geb. 1933 in Böhmen, Karikaturist in München. Zahlreiche Buchveröffentlichungen.

Heidemann, Ernst
geb. 1930 in Witten/Ruhr. Lebt als Karikaturist in Weilrod/Taunus.

hennes (Hans Biedermann)
geb. 1940, hauptberuflich Kinderpsychologe, lebt in Eberbach/Neckar.

Henniger, Barbara
geb. 1938 in Dresden. Lebt als Karikaturistin in Strausberg bei Berlin.

Hentrich, Gerhard
geb. 1892, Mitarbeiter des Simplicissimus um 1960.

Hicks, Wolfgang
geb. 1909. Arbeitete als Karikaturist für „Die Zeit" und „Die Welt". Bildnachweis für S. 18: Stiftung Haus der Geschichte der Bundesrepublik Deutschland, Bonn

Huber, Oswald
lebt in Salzburg. Cartoonist im Nebenberuf.

Kley, Heinrich
1863 – 1945. Mitarbeiter des Simplicissimus.

Köhler, Hanns Erich
geb. 1905. Lebte zuletzt als Grafiker und Karikaturist in Herrsching/Ammersee. Bildnachweis für S. 76: Wilh.-Busch-Museum, Dt. Museum für Karikatur und kritische Grafik, Hannover.

Liebermann, Erik
geb. 1942 in München. Lebt als Cartoonist in Hagen-Riegsee.

Löffler, Reinhold
geb. 1941 im Sudetenland, lebt in Dinkelsbühl.

Mandzel, Waldemar
lebt als Karikaturist in Bochum.

Mester, Gerhard
geb. 1956 in Betzdorf/Sieg. Lebt und arbeitet als Karikaturist in Wiesbaden.

Plassmann, Thomas
geb. 1960, Cartoonist und Karikaturist in Essen.

Rauch, Hans Georg
lebte und arbeitete als Cartoonist in Worpswede.

Ryss, Günter
lebt als Karikaturist in Mannheim.

Sauer, Josef
1893 – 1967. Mitarbeiter des Simplicissimus von 1953 bis 1967.

Schneider, Lothar
geb. 1943, Cartoonist, Karikaturist und Grafiker in Lübben.

Schoenfeld, Karl-Heinz
geb. 1928 in Oranienburg. Lebt als Karikaturist in Ahrensburg bei Hamburg.

Schwalme, Reiner
geb. 1937 in Liegnitz. Grafiker, Illustrator und Karikaturist. Lebt in Groß Wasserburg.

Starke, Hans-Jürgen
geb. 1940 in Nürnberg. Lebt als Karikaturist in Arnstadt/Thüringen.

Stenzel, Hans-Joachim
geb. 1932 in Louisville/Kentucky. Lebt als Karikaturist in Berlin.

Taubenberger, Alfred
geb. 1938. Lebt als Cartoonist und Illustrator in Memmingen.

Tomaschoff, Jan
geb. 1951 in Prag. Lebt als Arzt in Düsseldorf, Cartoonist im Nebenberuf.

Tomicek, Jürgen
geb. 1957 im Allgäu. Lebt als Karikaturist in Werl-Westönnen.

Wolf, Fritz
geb. 1918 in Mühlheim/Ruhr. Lebt als Karikaturist in Osnabrück.

Wolter, Jupp
geb. 1917, lebte als Karikaturist in Lohmar bei Bonn.

Wössner, Freimut
geb. 1945 in Allentsteig/Österreich. Lebt als Karikaturist in Berlin.

Die Herausgeber

Keim, Walther, Prof. Dr.
geb. 1935 in Homberg-Relbehausen, Ministerialrat, Leiter der Pressedokumentation im Deutschen Bundestag. Lehrtätigkeit an der Westfälischen Wilhelm-Universität Münster. Herausgeber zahlreicher Karikaturenbände.

Saalmann, Klaus
geb. 1948 in Recklinghausen, Leitender Regierungsdirektor, Leiter der Landesfinanzschule Nordrhein-Westfalen in Haan.

Verlag und Herausgeber danken den Künstlern für ihre Mitarbeit sowie Frau Marie-Luise Hoffmann, Herrn Dr. Johann Heinrich Kumpf und Herrn Heribert Werner für fachkundigen Rat und Unterstützung.